Inhalt

Solarindustrie - Strafzölle als Rettungsanker oder doch das Aus für Solarzellen Made in Germany?

Kernthesen

Beitrag

Fallbeispiele

Zahlen und Fakten

Weiterführende Literatur

Impressum

Solarindustrie - Strafzölle als Rettungsanker oder doch das Aus für Solarzellen Made in Germany?

Anja Schneider

Kernthesen

- Photovoltaik legt in Deutschland zu; Strom aus Sonne wird im laufenden Jahr einen Anteil von fünf Prozent am deutschen Strommix erreichen.
- Solarthermie hat ihren Durchbruch noch nicht geschafft; der Anteil der Solarwärme am Wärmebedarf deutscher Haushalte lag

2012 bei nur einem Prozent.

- Im Handelsstreit zwischen der EU und China um Solarmodule wurde Ende Juli ein Mindestpreis-Kompromiss ausgehandelt, der eine Alternative zu Strafzöllen bietet.
- Die Insolvenz von Solarworld ist abgewendet, doch ob sich deutsche Solarzellenhersteller langfristig im Markt halten können, ist höchst ungewiss.

Beitrag

Wie ist die aktuelle Lage der Solarbranche?

Zur Solarindustrie zu zählen sind die Rohstofflieferanten, die Produzenten von Solarzellen und -modulen, die Projektierer von Solarkraftwerken, das Handwerk, die Betreibergesellschaften, Planer, Finanzierer, im weitesten Sinne auch die Bundesbürger und die Politik, die über das Erneuerbare-Energien-Gesetz die Rahmenbedingungen setzt.

Die Lage in der Branche ist gemischt: Die Bürger montieren gerne Solaranlagen auf ihre Dächer, das freut die Handwerker; deutsche

Wechselrichterhersteller und Maschinenbauer sind international gefragt, den Solarzellen- und Modulherstellern dagegen schlagen Überkapazitäten, Preisdruck, Branchenkonsolidierung, Insolvenzen und Fördereinschnitte gewaltig auf die Stimmung; Rohstoffproduzenten und Projektierer richten den Blick immer stärker auf die ausländischen Märkte.

Photovoltaik: Strom aus Sonne legt zu

Die Photovoltaik hatte 2012 einen Anteil von 4,7 Prozent am deutschen Strommix (2011: drei Prozent). Im laufenden Jahr wird voraussichtlich die Fünf-Prozent-Hürde übersprungen. Bis zum Jahr 2020 sollen bundesweit zehn Prozent erreicht sein, bis 2030 dann mindestens 20 Prozent. Diese Angaben macht der Bundesverband Solarwirtschaft e.V. (BSW), mit über 800 Solarunternehmen die Interessenvertretung der deutschen Solarbranche (www.solarwirtschaft.de). Rund 5 000 Photovoltaik-Unternehmen (inkl. PV-aktivem Handwerk und Zulieferern) sind in der Branche aktiv, davon sind rund 200 Produzenten von Zellen, Modulen und Komponenten. Die Photovoltaik-Technologie sorgt für rund 100 000 Arbeitsplätze, so der BSW. Der Umsatz, den die Photovoltaik-Industrie gemeinsam mit Handwerk und Maschinenbau erwirtschaftet, lag

2012 bei rund 13 Milliarden Euro. Die Exportquote betrug 60 Prozent. Die Exportquote der deutschen Unternehmen ist von 50 Prozent im Jahr 2010 auf 60 Prozent 2012 gewachsen und wird nach den Erwartungen des Branchenverbandes weiter zulegen. [Abb. 1]

Im vergangenen Jahr ging die Solarstrom-Produktion nochmals deutlich nach oben auf rund 28 Milliarden Kilowattstunden (kWh) Solarstrom (zum Vergleich: 2011 waren es über 19 Milliarden, 2010 über elf Milliarden, 2000 rund 64 Millionen). Der erzeugte Solarstrom deckte 2012 den Jahresstrombedarf von rund acht Millionen Haushalten ab. Betrachtet man den Zuwachs an Stromerzeugung aus den Erneuerbaren Energien Wind, Sonne und Bioenergie (ohne Wasserkraft und Geothermie), dann liegt die Photovoltaik mit einem Anteil von 53 Prozent am Zuwachs von 2010 auf 2012 klar in Führung. (1), [Abb. 2]

Solarthermie: Wärme aus Sonne mit viel Potenzial nach oben

Die Solarthermie als regenerative Heiztechnologie hat den Durchbruch noch nicht geschafft. Im vergangenen Jahr war der Zubau an Solarwärmesystemen in Deutschland im Vergleich zum Vorjahr rückläufig (2011/2012: minus neun

Prozent). Der Anteil der Solarwärme am Wärmebedarf deutscher Haushalte lag 2012 bei nur einem Prozent. Bis 2030 soll er auf drei Prozent ausgebaut werden. Denn moderne und ausgereifte Solarwärmesysteme können viel mehr als nur Warmwasser erwärmen, wirbt der BSW. Heute lässt sich der komplette häusliche Wärmebedarf solar erzeugen. Große solarthermische Anlagen für Gewerbebauten oder den Mietwohnungsbau gewinnen an Bedeutung. In der Zukunft können Kollektoren zur solaren Kühlung eingesetzt, Schwimmbäder und Industrieanlagen mit solarthermischen Systemen klimatisiert werden. Der Inlands-Umsatz der Solarwärme-Branche lag 2012 bei rund einer Milliarde Euro. Die Exportquote betrug 60 Prozent. (2), [Abb. 3]

Jeder zehnte Bundesbürger produziert Solarenergie

Die Deutschen lieben die Sonne, und der Solarenergie gehören ihre Sympathien. Dies zeigt sich ganz konkret darin, dass mittlerweile jeder zehnte Bundesbürger Solarenergie produziert und schon 8,5 Millionen Menschen in Gebäuden leben, die eine eigene Solaranlage zur Strom- oder Wärmeerzeugung haben. Angesichts der hohen Strompreise wandert durchschnittlich ein Drittel des selbst erzeugten

Solarstroms bei Neuanlagen in den Eigenverbrauch, so der Bundesverband Solarwirtschaft. Er beobachtet auch, dass immer mehr Eigenheimbesitzer und Unternehmer den selbst erzeugten Solarstrom unabhängig von Tageszeit und Witterung selbst nutzen wollen und sich deshalb für solare Batteriespeicher interessieren. Seit dem 1. Mai 2013 bezuschusst die KfW Bankengruppe Solarstromspeicher in Deutschland durch ein neues Förderprogramm. Wer sich eine Solaranlage auf sein Dach montieren will, profitiert davon, dass in den letzten sechs Jahren die Preise für Photovoltaik-Anlagen um rund 67 Prozent gefallen sind. Die Kurve des durchschnittlichen Endkundenpreises für fertig installierte Aufdachanlagen bis 10 kWp (ohne MwSt.), die der BSW Solar erstellt hat, zeigt einen wunderbar fallenden Trend. (1), (3), (4), (5)

Produzenten im harten internationalen Wettbewerb gebeutelt

Preisverfall ist des Einen Freud, des Andern Leid. Den einstmals von gigantischen Umsätzen und Renditen träumenden deutschen Pionier-Produzenten von Solarzellen und -modulen hat er ein böses Erwachen beschert. Die Asiaten hatten zum Angriff geblasen;

erst kamen die Japaner und dann überschwemmten die Chinesen den Weltmarkt mit Solarzellen zu niedrigen Preisen. Europa inzwischen Chinas größter Absatzmarkt für Solarmodule. In den vergangenen fünf Jahren haben sie ihren Marktanteil hier auf 80 Prozent verfünffacht. 2012 lag der Wert der in die EU importierten China-Module bei 21 Milliarden Euro. Dumping, unlauterer Wettbewerb, lautete prompt der Vorwurf der deutschen Hersteller. Im deutschen Solar Valley, vor zehn Jahren noch Insel der Glückseligkeit, wurde es rasch ungemütlich. Der erhebliche internationale Preisverfall der Solarzellen und -module traf die deutschen Produzenten mit voller Wucht. Zahlreiche deutsche Solarfirmen meldeten in den vergangenen Monaten Insolvenz an und wurden von asiatischen Wettbewerbern übernommen. Vor allem in der ostdeutschen Solarbranche griff der Pleitegeier um sich. Mehr als 3 100 Arbeitsplätze gingen dort verloren. In Sachsen-Anhalt stellten 2012 fünf Werke mit einer Produktionskapazität von 690 MW ihren Betrieb ein, in Thüringen (520 MW) und Brandenburg (505 MW) wurden erhebliche Produktionskapazitäten geschlossen. 30 Insolvenzen und Werksschließungen in Deutschland und 60 in Europa wurden gezählt. Bundesweit ging die Anzahl der Beschäftigten in der Solarbranche um 23 100 oder knapp 21 Prozent zurück, berichtet das Bundesumweltministerium. (6), (7)

Sanktionen gegen die dreisten Chinesen, am besten Strafzölle wie sie die Amerikaner kurzerhand eingeführt haben, forderten die düpierten deutschen Hersteller. Als Initiative EU Prosun schlossen sich 25 europäische Solarunternehmen unter der Führung von Solarworld zusammen und beschwerten sich bei der EU. Seit Monaten ist er nun im Gange, der Solarstreit zwischen der EU und China. Anfang Juni hatte die EU dann tatsächlich Strafzölle auf Solarmodule aus China verhängt, doch Ende Juli wurde ein Kompromiss ausgehandelt. China darf Solarmodule von sieben Gigawatt, gut 70 bis 80 Prozent des Marktes in Europa, zu einem Mindestpreis von 56 Cent pro Watt Leistung exportieren. Die Mindestpreise hätten etwa 70 Prozent der chinesischen Hersteller akzeptiert, hieß es aus Brüssel. Für die restlichen 30 Prozent gilt seit dem 6. August der bereits beschlossene Strafzoll in Höhe von 47,6 Prozent. Die deutschen Hersteller sind unzufrieden mit dem Kompromiss, viel zu niedrig seien die Mindestpreise, sie wollen beim Europäischen Gerichtshof klagen. (8)

Größter Rohstofflieferant Europas ist die deutsche Wacker Chemie

Als Rohstoff benötigt die Photovoltaik-Branche Silizium. Auch hier ist ein Handelsstreit im Gange.

China hat vorläufige Zölle auf Importe von Polysilizium aus Südkorea und den USA erhoben; für Europa hat China zugesagt, bis zum Frühjahr 2014 keine Strafzölle auf Polysilizium zu erheben. Davon profitiert die deutsche Wacker Chemie AG. Sie stellt polykristallines Reinstsilizium her, ist mit Abstand Europas größter Hersteller von Polysilizium. (9)

Projektierer von Rückgang des Freiflächensegments betroffen

Seit der Novelle des Erneuerbare-Energien-Gesetzes (EEG) im vergangenen Jahr erhalten Solarparks von über zehn Megawatt Leistung keine Vergütung mehr und der Strom aus Photovoltaik-Anlagen größer einem Megawatt werden nur noch mit 10,63 Cent pro Kilowattstunde gefördert. Prompt werden immer weniger Freiflächensolaranlagen gebaut. Das trifft vor allem die Projektierer, wie beispielsweise Phoenix Solar AG aus dem bayerischen Sulzemoos, Juwi aus Wörrstadt, die sächsische Enfo AG, die Belectric aus dem bayerischen Kolitzheim, die mit 2 000 Angestellten zu den Großen der Branche zählt oder Conergy aus Hamburg. Für sie wird die Marktsituation in Deutschland enger. (10)

Europäische Spitzenforschung soll Chinesen bremsen

Dem Aufstieg Chinas zur Solarmacht mittels aggressiver Preispolitik soll die Innovationskraft Europas entgegengesetzt werden. Dazu haben sich die größten Solarcluster Europas (Deutschland, Belgien, Frankreich, Niederlande, Norwegen, Österreich, Slowenien und Spanien) zusammengeschlossen, um in geballter Kompetenz schlagkräftige Innovationen zu generieren, die Chinas Preisschraube erst mal ins Leere drehen lassen. Gesucht werden Solarzellen mit deutlich höheren Wirkungsgraden, die ein besseres Preis-Leistungs-Verhältnis haben als die der Konkurrenz. Ansätze wie beispielsweise Rückkontaktzellen oder das Perc-Konzept sollen massentauglich werden, die Wafer dünner werden, die Materialkosten sinken. (11)

Auch der Bund fördert die Photovoltaik-Forschung. Um Investitionen zu initiieren, Innovationen zu generieren und so den Photovoltaik-Standort Deutschland zu stärken, haben Bundesforschungs- und Bundesumweltministerium angekündigt, für innovative Verbundprojekte von Photovoltaik-Herstellern, Anlagenbauern, Ausrüstern und Forschungsinstituten weitere 50 Millionen Euro bereit zu stellen. Schon 2010 gab es Geld. Die

“Innovationsallianz Photovoltaik” förderte innovative Systemlösungen mit 100 Millionen Euro. Damit werden derzeit 26 Forschungsprojekte unterstützt. (12)

Trends

Die deutschen Einspeisetarife für Solarstrom sinken gemäß EEG und seinen Novellen.Aufgrund der niedrigen Photovoltaik-Preise liegen die Produktionskosten von Solarstrom inzwischen deutlich unter den Verbraucher-Stromtarifen.Der Weltmarkt für die Photovoltaikindustrie wächst. Nach Angaben des Bundesverbands Solarwirtschaft dürften die nordamerikanischen und asiatischen Märkte zulegen. Die Überkapazitäten, die durch moderne Werke, die in China, Malaysia oder Taiwan aus dem Boden gestampft wurden, entstanden sind, könnten sich abbauen, die Preise stabilisieren.

Fallbeispiele

Solarworld: Gläubiger und Aktionäre der Bonner Solarworld AG haben im August die Insolvenz abgewendet. Damit erging es Solarworld besser als beispielsweise Q-Cells, Solon oder Conergy, doch ob der Atem zum Durchhalten gegen den asiatischen

Wettbewerb reichen wird, ist dennoch ungewiss. Solarworld ist mit rund einer Milliarde Euro verschuldet, hat im ersten Halbjahr des laufenden Geschäftsjahres die Verluste im Vergleich zum Vorjahreszeitraum zwar verringert, allerdings weiterhin weniger Photovoltaikmodule und -systeme abgesetzt. Helfen soll jetzt Qatar Solar Technologies, der größte Einzelaktionär. Er will eine Fabrik bauen, damit in Katar Wafer, Zellen und Module für den Weltmarkt produziert werden können. Das Rennen um einen Platz am solaren Weltmarkt bleibt offen. (13), (14), (15)

Strafzölle: Die USA erheben seit über einem Jahr kräftige Strafzölle von bis zu 250 Prozent auf chinesische Solarware. Es hat funktioniert: Die China-Importe sind nach einer Studie des Beratungsunternehmens PricewaterhouseCoopers (PWC) um 70 Prozent gesunken, der Photovoltaik-Markt wächst wieder, Arbeitsplätze entstehen. China schlug zurück. Nun müssen US-Hersteller von Polysilizium bei ihren Exporten nach China bis zu 57 Prozent des Preises für Zölle aufschlagen, koreanische Produzenten bis zu 48,7 Prozent. (6), (9)

RWE: Energieversorger RWE legt mit seiner Tochter RWE Innogy GmbH bei den erneuerbaren Energien den Fokus auf Wind anstatt auf Sonne. (16)

Siemens: Der Konzern findet keinen Käufer für sein defizitäres Geschäftsfeld solarthermische

Stromerzeugung und will die Sparte nun endgültig schließen. Wegen der sinkenden Preisen für Photovoltaiksysteme hatte die Parabolrinnentechnik zur Stromerzeugung immer mehr an Wettbewerbsfähigkeit verloren. Siemens will sich auf Wind und Wasser konzentrieren. (17)

Wacker: Der Siliziumhersteller Wacker Chemie AG beendet seine Mitgliedschaft beim Bundesverband Solarwirtschaft (BSW), weil das Geschäft global ausgerichtet sei; Wacker bleibt Mitglied des europäischen Photovoltaik-Dachverbandes EPIA. (18)

Solarmesse: Weniger Aussteller insgesamt, weniger Vertreter auch China, weniger Besucherzahlen - dieses ernüchternde Fazit zogen die Veranstalter der weltgrößten Solarmesse Intersolar, die von 19. bis 21 Juni in München stattfand. (19)

Wettbewerber in der Produktion von Solarzellen und -modulen: China: Zu den größten Produzenten zählen Trina, Yingli, JA Solar. Die zehn größten chinesischen Modullieferanten vereinigten von April 2012 bis März 2013 rund 41 Prozent des Weltmarkts auf sich. Der einstige Weltmarktführer Suntech allerdings ging ebenfalls in die Insolvenz. USA: First Solar, Sunpower. Japan: Kyocera, Panasonic, Solar Frontier, Sharp. (20)

Zahlen & Fakten

Abbildung 1: Photovoltaik-Branche in Deutschland

Im Jahr 2012 neu installierte Photovoltaik (PV)-Kapazität*	7,6 GWp
Ende 2012 installierte PV-Kapazität insgesamt*	32,4 GWp
Stromerzeugung durch Photovoltaik-Anlagen im Jahr 2012**	28,0 TWh
Anzahl installierter Photovoltaik-Anlagen bis Ende 2012*	1,28 Mio.
Anteil an deutschen Bruttostromverbrauch 2012/2030***	rd. 4,7 % / rd. 10 %
Einsparung des Klimagases CO2 im Jahr 2012****	19,7 Mio. t
Beschäftigung durch die Photovoltaik-Technologie im Jahr 2012	rd. 100.000
Anzahl Photovoltaik-Unternehmen (inkl. PV-aktives Handwerk u. Zulieferer)	5d. 5.000
davon Produzenten von Zellen, Modulen u.a. Komponenten	200
Gesamtumsatz PV-Industrie 2004/2012/2020*****	13 Mrd. Euro
Exportquote PV-Industrie 2004/2012/2020***	14% / 60% / 80%

* Quelle: Bundesnetzagentur

** Quelle: ÜNB, EEX, eigene Berechnungen BSW-Solar, vorläufig

*** BSW-Solar, gemäß PV-Roadmap 2020

**** Quelle: BMU 5/2012

***** BWS-Solar, vorläufige Schätzung

Quelle: Bundesverband Solarwirtschaft e.V. (BSW-Solar), BSW-Solar/www.solarwirtschaft.de
Entnommen aus: www.solarwirtschaft.de(1)

Abbildung 2: Photovoltaik: Treiber der Energiewende

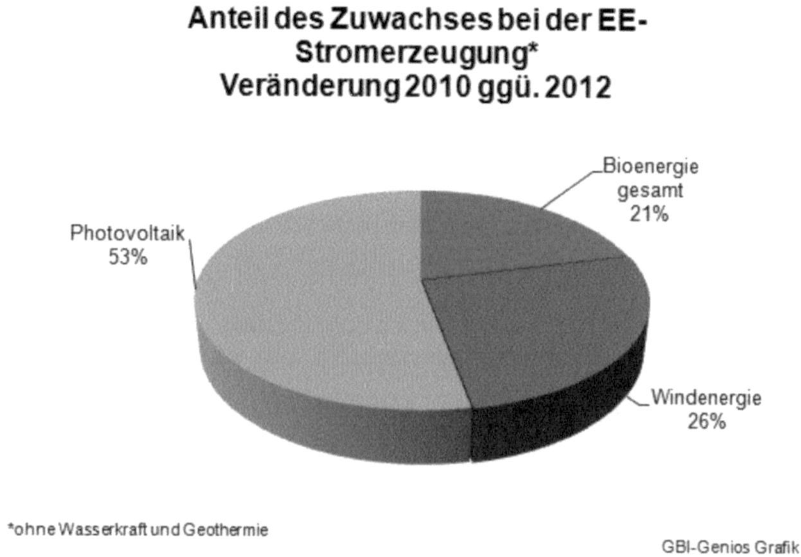

Quelle: EEX, BDEW, Bundesverband Solarwirtschaft e.V. (BSW-Solar), BSW-Solar/www.solarwirtschaft.de
Entnommen aus: www.solarwirtschaft.de(1)

Abbildung 3: Solarthermie-Branche in Deutschland

Im Jahr 2012 neu installierte Solarkollektorfläche	1,15 Mio. qm
Insgesamt installierte Solarkollektorfläche 2012	16,5 Mio. qm
Im Jahr 2012 neu installierte Solarwärme-Leistung	805 MW (th)
Insgesamt installierte Solarwärme-Leistung 2012	11,5 GW (th)
Entwicklung Solarkollektorabsatz von 2011 auf 2012	minus 9%
Anzahl der im Jahr 2012 neu installierten Solarwärme-Anlagen	145.000
Insgesamt installierte Solarwärme-Anlagen bis 2012	1,8 Mio.
Solarwärmeerzeugung durch Solarwärme-Anlagen im Jahr 2012*	> 6 TWh (th)
CO2-Vermeidung 2012	> 1 Mio. Tonnen
Inlandsumsätze der Solarwärme-Branche 2003/2012/2020/2030**	0,55/1,0/2,3/3,1 Mrd. Euro
Anteil der Solarwärme am Wärmebedarf deutscher Haushalte 2012/2020/2030**	1% / 3% / 8%
Eingesparte Brennstoffkosten durch Solarwärmetechnologie 2000/2005/2012	20 / 60 / 250 Mio. Euro

* vorläufige Schätzung

** Quelle: BSW-Solar, "Fahrplan Solarwärme", 2012, gemäß: Szenario: "Forcierte Expansion"

Quelle: Bundesverband Solarwirtschaft e.V. (BSW-Solar), BSW-Solar/www.solarwirtschaft.de
Entnommen aus: www.solarwirtschaft.de(2)

Weiterführende Literatur

(1) Statistische Zahlen der deutschen Solarstrombranche (Photovoltaik)
aus Börsen-Zeitung, 06.09.2013, Nummer 171, Seite 4

(2) Statistische Zahlen der deutschen Solarwärmebranche (Solarthermie)
aus Börsen-Zeitung, 06.09.2013, Nummer 171, Seite 4

(3) Jeder Zehnte produziert bereits Solarenergie
aus Börsen-Zeitung, 06.09.2013, Nummer 171, Seite 4

(4) Jeder zweite Solarinstallateur setzt bereits Solarstrom-Speicher ein
aus Börsen-Zeitung, 06.09.2013, Nummer 171, Seite 4

(5) Eigenstrom-Privileg vor Kürzung
aus ZfK-Zeitung für kommunale Wirtschaft, Heft 08/2013, S. 19

(6) Kehrtwende im Solarstreit
aus neue energie, Heft 6/2013, S. 12

(7) Ostdeutscher Arbeitsmarkt leidet unter Solarkrise
aus energate vom 31.07.2013

(8) Solarstreit: Altmaier begrüßt Kompromiss

aus energate vom 30.07.2013

(9) China kontert mit Zöllen auf Polysilizium
aus energate vom 30.07.2013

(10) Solardenkmäler
aus neue energie, Heft 7/2013, S. 52

(11) Letzte Chance
aus neue energie, Heft 03/2013, S. 42

(12) Solarbranche hofft auf Schub durch Forschungsförderung
aus www.powernews.org Meldung vom 22.05.2013 - 14:51

(13) Das Beispiel für alle ENERGIE Nächste Woche entscheidet sich das Schicksal des letzten großen unabhängigen Solarmodulherstellers in Deutschland, Solarworld. Es sieht nicht gut aus
aus taz, 03.08.2013, S. 06

(14) Solarworld mit rückläufigem Absatz
aus www.powernews.org Meldung vom 14.08.2013 - 17:33

(15) Solarworld gelingt der Befreiungsschlag
aus www.powernews.org Meldung vom 08.08.2013 - 10:41

(16) Anschluss verpasst
aus neue energie, Heft 6/2013, S. 70

(17) Siemens beendet Solar-Geschäft

aus www.powernews.org Meldung vom 17.06.2013 - 10:46

(18) Wacker kehrt BSW den Rücken
aus www.powernews.org Meldung vom 26.06.2013 - 15:20

(19) München: Weltgrößte Solarmesse leidet unter schlechter Stimmung
aus energate vom 20.06.2013

(20) Operation Wolkenschieber
aus manager-magazin.de vom 06.08.2013

Impressum

Solarindustrie - Strafzölle als Rettungsanker oder doch das Aus für Solarzellen Made in Germany?

Bibliografische Information der deutschen Nationalbibliothek

Die Deutsche Nationalbibliothek verzeichnet diese Publikation in der deutschen Nationalbibliografie; detaillierte bibliografische Daten sind im Internet über http://dnb.d-nb.de abrufbar.

ISBN: 978-3-7379-2395-8